Magia Blanca

Proyecte al mundo su luz mágica

Con seguridad le gustarán estos sencillos y positivos hechizos que harán más alegre su mundo y le atraerán cosas buenas en la vida. Con velas, colores, baños especiales, hierbas y cristales, podrá atraer amor y bienestar mientras elimina influencias negativas.

¡Es muy fácil! Por ejemplo, ¿le gustan los baños? Ensaye el siguiente:

Hechizo para una noche apasionada

Uno por uno, ponga los pétalos de tres rosas rojas en una tina de baño con tres gotas de aceite esencial de albahaca, para incitar una noche de pasión y amor. Cuando esté en la bañera, visualice una llama más grande que el universo mismo. Cuando salga, suavemente dese palmaditas para secarse, recoja los pétalos, y séquelos con un pañuelo de papel presionándolos duro. Póngalos en una bolsita roja con una cucharadita de azafrán seco, y colóquela debajo de su almohada.

La autora

De origen Cubano, Ileana Abrev en la actualidad reside en Sydney, Australia, donde es la administradora de tres famosos almacenes. Ella ha construido una reputación entre sus clientes como una respetada hechicera blanca. Por medio del conocimiento transmitido por su padre, un estimado santero, Ileana guía a las personas a resolver problemas con sencillos hechizos mágicos y visualización positiva. Ileana ha sido una hechicera practicante durante diez años.

Secretos para el amor,
la salud y la abundancia

Magia Blanca

Ileana Abrev

Traducido al idioma Español por:
Héctor Ramírez y Edgar Rojas

Llewellyn Español
Woodbury, Minnesota, U.S.A.

Magia Blanca: Secretos para el amor, la salud y la abundancia © 2002 por Ileana Abrev. Todos los derechos reservados. Ninguna parte de este libro puede ser reproducida, incluso en el Internet, sin permiso escrito de la Editorial Llewellyn, excepto en el caso de citas breves en artículos importantes y en la crítica de libros.

Primera edición
Cuarta impresión, 2006

Coordinación y edición: Edgar Rojas
Ilustraciones © Sandy Haight
Traducido al idioma español por: Héctor Ramírez y Edgar Rojas

Publicado anteriormente como *White Spells: Wise women's secrets for greater love, health and abundance* (Moon Goddess, Sydney, Australia) © 1998, por Ileana Abrev.

Biblioteca del Congreso. Información sobre esta publicación.
Library of Congress Cataloging-in-Publication Data
Abrev, Ileana, 1959-
   [White spells. Spanish]
   Magia blanca : secretos para el amor, la salud y la abundancia / Ileana Abrev ; traducido por Edgar Rojas y Héctor Ramírez.
      p. cm.
   Includes bibliographical references and index.
   ISBN 0-7387-0080-0
   1. Magic. I. Title.

BF1611 .A2718 2002
133.4'4--dc21   2001050483

La editorial Llewellyn no participa, endosa o tiene alguna responsabilidad o autoridad concerniente a los negocios y transacciones entre los autores y el público. Las cartas enviadas al autor serán remitidas a su destinatario, pero la editorial no dará a conocer su dirección o número de teléfono, a menos que el autor lo especifique.

La información relacionada al Internet es vigente en el momento de esta publicación. La casa editorial no garantiza que dicha información permanezca válida en el futuro. Por favor diríjase a la página de Internet de Llewellyn para establecer enlaces con páginas de autores y otras fuentes de información.

Nota: Estos hechizos no deberán ser puestos en práctica para reemplazar la ayuda profesional.

Llewellyn Español
Una división of Llewellyn Worldwide, Ltd.
2143 Wooddale Drive, Dept. 0-7387-0080-0
Woodbury, MN 55125-2989, U.S.A.
www.llewellynespanol.com

Impreso en los Estados Unidos de América

Correspondencia a la autora

Para contactar o escribir a la autora, o si desea más información sobre este libro, envíe su correspondencia a Llewellyn Español para ser remitida a la autora. La casa editora y la autora agradecen su interés y comentarios en la lectura de este libro y sus beneficios obtenidos. Llewellyn Español no garantiza que todas las cartas enviadas serán contestadas, pero si le aseguramos que serán remitidas a la autora.

Favor escribir a:

Ileana Abrev
℅ Llewellyn Español
2143 Wooddale Drive, Dept. 0-7387-0080-0
Woodbury, MN 55125-2989, U.S.A.

Incluya un sobre estampillado con su dirección y $US1.00 para cubrir costos de correo. Fuera de los Estados Unidos incluya el cupón de correo internacional.

Para Beverly,
la persona más hermosa en mi vida.

Contenido

Introducción . xv

Capítulo 1
Magia con colores . 1

Capítulo 2
Magia con cristales . 11

Hechizo para limpiar cristales / Hechizo para un cachorro en crecimiento / Hechizo para ayudarle a alcanzar sus objetivos / Magia para el dinero / Hechizo para un asunto legal / Magia para la fertilidad / Hechizo para aliviar la pérdida de un ser querido / Hechizo para atraer el amor / Hechizo para aumentar el deseo sexual / Hechizo para un ser amado que está lejos / Hechizo para un amante / Hechizo para permanecer fiel a la persona amada / Hechizo para descubrir los verdaderos sentimientos / Hechizo para liberarse de la ira / Protección contra el hechizo de un enemigo /

Hechizo para eliminar el miedo / Hechizo para proteger la casa / Hechizo para liberar el estrés / Hechizo para estudio y exámenes / Hechizo para encontrar empleo / Hechizo para recordar sueños / Hechizo para combatir el insomnio / Hechizo para que haya paz en la casa / Hechizo para pedir un deseo / Hechizo para la protección contra el mal / Hechizo para atraer el ser amado / Hechizo para desviar la envidia / Hechizo para el dinero

Capítulo 3
Baños mágicos . 29

Hechizo para la prosperidad / Hechizo para conseguir dinero / Hechizo para atraer abundancia / Hechizo para mejorar la habilidad psíquica / Hechizo para atraer amor / Hechizo para la suerte / Hechizo para atraer mujeres / Hechizo para atraer hombres / Hechizo para antes de cumplir una cita / Hechizo para una noche apasionada / Hechizo para encontrar el alma gemela / Hechizo para antes de la boda de la novia / Hechizo para resfriados y gripe / Hechizo para después de una enfermedad / Hechizo para alegrar el alma / Hechizo para purificar el alma / Hechizo para eliminar la negatividad / Hechizo para disipar la ira / Hechizo para detener el chisme / Hechizo para acostar a los niños en la noche / Hechizo para el sueño en la noche / Hechizo para sentirse protegido y seguro / Hechizo para pedir un deseo / Hechizo para la protección / Hechizo para que el ser amado se mantenga interesado / Hechizo para limpiar pensamientos y acciones negativos / Hechizo para proteger sus hijos de malos ojos ajenos

Capítulo 4
Magia de las hierbas y plantas . 45

Magia para el dinero / Hechizo para tener dinero en su cartera o billetera / Hechizo para la prosperidad / Hechizo para la fertilidad femenina / Hechizo para la fertilidad masculina / Hechizo para encontrar amor / Nota de amor / Hechizo para atraer mujeres / Hechizo para atraer hombres / Hechizo para aumentar la energía sexual en los hombres / Hechizo para aumentar el deseo sexual en las mujeres / Hechizo para atraer amigos / Hechizo de protección para la casa / Hechizo de protección contra intrusos / Hechizo para eliminar fuerzas negativas de la casa / Hechizo para protección contra el mal / Hechizo para el valor / Hechizo para mejorar la mente / Hechizo para una entrevista de trabajo / Hechizo para quienes juegan a ganar / Hechizo para problemas al dormir / Hechizo para entendimiento espiritual y fuerza psíquica / Hechizo para el viaje astral / Hechizo para la protección de la casa / Hechizo para encontrar amor / Hechizo para casarse / Hechizo para la suerte

Capítulo 5
Magia con velas . 63

Hechizo para alcanzar el éxito / Hechizo para dinero / Hechizo para una empresa exitosa / Hechizo para encontrar la pareja perfecta / Hechizo para que su enamorado le pida matrimonio / Hechizo para arreglar un matrimonio / Hechizo para meditación / Hechizo para calmar la ira de un ser amado / Hechizo para encontrar amor interior / Hechizo para la suerte / Hechizo para vencer una enfermedad / Hechizo para transmitir energías curativas a un amigo o pariente enfermo / Hechizo para acabar con una adicción / Hechizo para protección del mal / Hechizo para ahuyentar un enemigo / Hechizo para calmar el ambiente hogareño / Hechizo para buscar ayuda de su guía espiritual / Hechizo para el estrés / Hechizo para ayudar a su hijo el día de un examen / Hechizo para desviar el mal / Hechizo para alejar a mi enemigo / Hechizo para que aparezca un amante

Conclusión . 91
Glosario . 93
Hojas de trabajo . 99
Índice . 107

Introducción

La magia ha sido parte de mi vida desde que tengo memoria. Nací en Cuba y crecí con un profundo entendimiento de la *Santería*, una práctica mágica que se originó en África. Actualmente en Cuba se conoce como *Lucumí*, y sus practicantes son llamados *Santeros*, y son competentes consejeros herbales y espirituales. Mi padre es un Santero, y gracias a sus enseñanzas soy consciente que el mundo posee secretos y misterios. A través de los años he usado la magia en momentos de desespero y siempre tuve resultados positivos.

¿Qué es la magia? Es difícil definirla. Contrario a la creencia popular, no es algo sobrenatural. La magia es el uso de las energías naturales y la visualización positiva para crear cambios en nuestras vidas.

Todos somos mágicos simplemente porque estamos rodeados por energía. Con ella tenemos el poder de originar el bien en nuestras vidas, o podemos emplearla para atraer negatividad. Esto último es magia destructiva, y desde el comienzo quiero aclarar que nunca debemos desear para los demás lo que no desearíamos en nosotros mismos. La tierra está llena de maravillas naturales vivas, y utilizando sus energías podemos crear magia. ¿Por qué no hacerla de manera positiva?

La magia puede ser usada en la vida cotidiana como ayuda en la visualización de nuestras necesidades. Un pensamiento positivo puede ser proyectado al universo y convertirse en una hermosa ayuda para la transformación psicológica. Por ejemplo, la oración es una forma popular de magia; es energía enviada al universo de forma positiva, y con el tiempo es reflejada. Muchos sueños y deseos han sido cumplidos a través de la oración.

Al practicar la magia nunca tenemos el derecho a tomar algo que no es nuestro. Por ejemplo, romper una relación existente para obtener ganancia personal es un acto destructivo. Si quiere desarrollar este tipo de magia, sepa que deberá vivir con el pensamiento de que esa persona nunca lo amó realmente, pues usted manipuló el amor. La magia hecha de esta manera nunca trae felicidad duradera.

¿Qué es un hechizo? Un hechizo es el uso de productos naturales para ayudarnos a manifestar nuestras necesidades inmediatas. ¿Y qué es un hechizo blanco? Un hechizo blanco nos ayuda a satisfacer nuestras necesidades de manera positiva y altruista, y con una conciencia limpia. Por encima de todo, un hechizo blanco nunca perjudica o manipula a terceros para lograr nuestra voluntad por medio de la envidia, el rencor o la ira.

Cuando realice su hechizo, escuche siempre el corazón y su conciencia. Averigüe cuáles son realmente sus necesidades y nunca haga algo para lo cual no está listo. La idea es que visualice sus necesidades, proyectadas frente al ojo de su mente. Si quiere un cambio en su vida, deséelo con todo su corazón. Este es el poder que impulsa su magia, es el secreto para manifestar su futuro.

En ocasiones hemos buscado ayuda de psíquicos y médiums para lograr el crecimiento espiritual, y les permitamos desarrollar hechizos en nuestro nombre. No obstante, sin importar qué tan buenos y renombrados sean, no tienen la misma necesidad suya de crecer y desarrollarse. Usted es quien realmente tiene el problema, y ve y entiende sus necesidades mejor que nadie. Así que en lugar de pagarle a alguien para que le desarrolle un hechizo, hágalo usted mismo. Comprometerá su corazón y alma en él, más que cualquier otra persona.

Oración de protección

La siguiente oración puede ser usada antes de hacer un hechizo de protección contra la negatividad.

Oh, claridad, luz de justicia,
guíame y protégeme.
Tengo y abrazo amor divino.
Fortaleceré la mano de la justicia
y debilitaré la mano del mal.
Para el bien de todos, así lo deseo.

capítulo 1

Magia con colores

Cada color en el espectro transmite diferentes frecuencias vibratorias a nuestro cuerpo y entorno diario. Los colores cálidos, tales como el rojo y el naranja, ejercen fuertes vibraciones, mientras los fríos, como azules y rosados, proyectan vibraciones pasivas.

Somos seres luminosos llenos de colores, que en conjunto conforman lo que se conoce como *aura*. Nuestra aura cambia de acuerdo con las vibraciones que ejercemos. Si usted está estresado, irradia a quienes lo rodean señales de color asociadas con ese estado. Ellos saben que usted está estresado, no porque luzca cansado y agobiado, o constantemente tenga días difíciles, sino porque pueden sentir las señales coloridas que está transmitiendo. Si aún no lo ha notado, el estrés puede ser pegadizo. Esto se debe a que inconscientemente absorbemos esas frecuencias de colores que son una gran parte de la forma en que nos relacionamos.

Un buen ejemplo de esto es cuando se es el último en llegar a una reunión. La sala está llena de personas e inmediatamente usted se siente incómodo; todos lo miran fijamente. Cuando entró a la sala, ésta ya estaba saturada de energías de colores mezclándose entre sí. Usted viene de tener un altercado con la persona que tomó su área de estacionamiento. Debido a esta ira interna su aura ha cambiado de un agradable amarillo a un rojo vivo en milésimas de segundo. Y se pregunta por qué el 90 por ciento de las personas en la sala lo miran fijamente. No es porque aún tenga la etiqueta del traje que compró para la reunión, sino debido a la frecuencia de color que está transmitiendo.

Sabemos que los colores son parte de la vida. Entonces ¿por qué no usarlos como ayuda en nuestro diario vivir? Cuando usted está estresado, lo último que necesita es un traje rojo, que realmente aumenta los niveles de tensión. Debe ponerse algo con colores fríos, como los azules claros o rosados, para mantener el factor de estrés en una frecuencia baja. Si está deprimido, lo que menos necesita son colores fríos o el negro; aquí es donde requiere colores rojos o naranjas para fortalecer las emociones y levantar la nube que cuelga sobre usted.

Todos experimentamos con colores de vez en cuando, en la forma en que vestimos o decoramos nuestra casa, el color del auto que tenemos, o incluso la ropa que le compramos a los niños. Verá un cambio en la capacidad de aprendizaje de sus hijos si usan el amarillo, que es un color de aprendizaje, y el verde, que es de crecimiento. El potencial de ellos sería ilimitado. Si los vistiera con colores vivos como el rojo o rojo neón, estaría pidiendo un día lleno de travesuras.

Curar enfermedades con colores funciona en gran parte de la misma forma. Si usted tiene una condición crónica, lo que necesita es enfriarla, no calentarla. Si desea aliviar una enfermedad continua, el azul es el color indicado, pues transmite energías curativas enfriadoras que también son protectoras.

El color en la magia tiene sus ventajas y debería ser usado todas las veces que se realicen hechizos. Los rituales con velas encendidas, tales como los del capítulo 5, son una muy buena forma de usar el color cuando se dirige una intención al universo para que se manifieste. Alcanza el universo por la manera en que presentemos nuestras necesidades.

El color universal del dinero es el verde, por lo cual lo usará para su prosperidad y necesidades económicas. El amor ha sido asociado con el rosado, como el rubor de una joven e inocente mujer cuando le habla al hombre que quiere. Su aura se torna de un vivo y saludable color rosado, mientras se llena de amor y esperanza de que sus sentimientos sean retribuidos de la misma forma. En los siguientes capítulos estará usando colores para llevar al máximo el potencial de manifestación de sus deseos.

A continuación hay una lista de colores y sus significados. Use esta guía para ayudar a aumentar el poder de cualquiera de los hechizos presentados en este libro. Lleve consigo a todo momento un trapo de algodón coloreado para manifestar los sueños que desea ver realizados, o para cambiar la frecuencia de su aura.

Amarillo	Promueve el aprendizaje en jóvenes y viejos.
	Despierta la intuición.
	Da entendimiento cuando se trabaja con karma.
	Para felicidad en la vida.
Ámbar	Desarrolla habilidades psíquicas.
	Aumenta el deseo sexual.
	Para comunicarse con los espíritus.
	Para un estado meditativo más profundo.
Azul	Trae tranquilidad al alma.
	Destierra la ira.
	Cura el cuerpo y el ser.
	Para enfoque y relajación antes de meditar.
	Protege contra los demás.
Blanco	Purifica el alma.
	Para trabajar con guías espirituales.
	Protege contra trabajos oscuros.
	Trae justicia.

Dorado	Fortalece la mente.
	Para intuición.
	Para comunicarse con ángeles del reino superior.
	Para hechizos de dinero.
Índigo	Útil cuando se trabaja con el karma.
	Para meditación.
	Para trabajos psíquicos.
Lavanda	Para desarrollo espiritual.
	Trabaja contra el estrés en el hogar y el trabajo.
	Calma células de cáncer creciente.
	Ayuda a tener sueño tranquilo.
Naranja	Promueve la motivación.
Negro	Desvía la negatividad.
	Anula embrujos.
	Protege contra trabajos malignos.
	Para la verdad en trabajos mágicos.

Rojo	Aumenta el poder.
	Para tener fortaleza y luchar contra las desventajas.
	Para pasión sexual y deseo de vivir.
	Mejora la sexualidad.
	Alivia la depresión.
Rosado	Atrae amistades.
	Trae amor a su vida.
	Para honrar el ser.
	Para comunicación entre el ser y el espíritu.
	Para el amor por sí mismo.
Verde	Trae suerte en los negocios.
	Atrae dinero.
	Ayuda en el crecimiento espiritual.
	Cura las emociones.
	Bueno para los niños.

capítulo 2

Magia con cristales

Al trabajar con la magia lo hacemos en armonía con las leyes de la naturaleza, y los cristales pueden ser usados como poderosas herramientas mágicas. Éstos son minerales encontrados en todo el mundo. Las antiguas civilizaciones los utilizaban para curación y magia. También los ofrecían a sus deidades para recibir entendimiento y dirección espiritual.

Los cristales poseen energías universales conectadas a la tierra, que interactúan con la energía de un individuo para desarrollar su magia. La sensación de las piedras es diferente en cada persona. Para ciertas personas los cristales son cálidos, mientras otras los sienten fríos. Hay quienes experimentan una fuerte sensación de hormigueo en el brazo cuando cogen un cristal, o tal vez se sienten un poco mareados. Casi todos encontramos algún tipo de paz interior cuando cogemos uno; nos sentimos calmados y relajados porque hemos hecho una conexión con las energías universales.

Creo que los cristales nos eligen. Podemos pararnos frente a cientos de ellos, de diferentes colores, formas y tamaños, y observaremos que uno en particular grita "¡llévame a casa!". Es como si este cristal conociera sus necesidades, y con él usted pudiera hacer realidad sus deseos más profundos.

Los cristales pueden ser comprados en tiendas de la Nueva Era o en almacenes especializados. Cuando compre uno, debe limpiarlo al llegar a casa. Cientos de personas pueden haberlo tocado, transmitiéndole sus propias energías. Es importante que lo limpie en pro de su bienestar. No hay una forma correcta o errónea de hacerlo. A continuación presento un pequeño ritual que yo hago para purificar mis cristales.

Hechizo para limpiar cristales

En una noche de Luna llena, salga al patio con su cristal y suavemente colóquelo sobre el césped. Mire hacia arriba y vea el brillo de la Luna sobre él. Visualice una luz plateada que desde lo alto penetra por el centro del cristal y observe los pequeños destellos plateados ahora dentro de él.

Frote sus dos manos y recoja el cristal. Sosténgalo y visualice las necesidades en las que requiere de su ayuda. Cárguelo a todo momento y no deje que nadie lo toque, pues le pertenece a usted y a la luz de la Luna.

En los siguientes hechizos asumo que los cristales ya han sido limpiados, a menos que lo indique de otra manera. Donde especifico usar otros materiales, tales como agua de lavanda o sal para limpiar los cristales, usted puede utilizar el ritual anterior como guía para hacer su propio procedimiento.

Los hechizos son como ritos de paso, le ayudan a enfocarse en sus necesidades y deseos, de tal forma que puedan ser manifestados. Los ingredientes más vitales para sus hechizos son la emoción, los sentimientos y el amor. Si es honesto consigo mismo y los demás, la magia nunca lo perjudicará.

Hechizos con cristales

Hechizo para un cachorro en crecimiento

Alrededor del cuello de su nuevo mejor amigo, cuelgue un corazón de amatista para evitar que arruine la casa o el traspatio. (Nota: tenga cuidado de no colgarle nada que pueda soltar y masticar, o llegar a apretarlo y luego atragantarse).

Hechizo para ayudarle a alcanzar sus objetivos

Llene un tazón con agua de lluvia y adiciónele un cristal de hematites. Déjelo en un lugar donde no sea perturbado durante tres días y tres noches. En el cuarto día, ponga el cristal en su mano y visualice los objetivos que quiere alcanzar en la vida. Véalos manifestarse en el ojo de su mente, luego simplemente espere que se hagan realidad.

Magia para el dinero

En un tazón transparente y vistoso, vacíe dos vasos de semillas de sésamo. En la profundidad de las semillas esconda un cristal de citrina y uno de jaspe rojo. Coloque el recipiente en su mesa de comedor, y cada mes en la misma fecha reemplácelo con semillas frescas de sésamo, manteniendo cubierto los cristales. Observe cómo su árbol de dinero crece poco a poco.

Hechizo para un asunto legal

En un tazón coloque un cristal de restañasangre, adicione los pétalos de siete flores de caléndula, luego llénelo con agua hasta el tope. Levante el recipiente y diga: *"Oh, pétalos del Sol, den a este cristal fuerza para luchar"*. El día de su cita legal, tome el cristal y llévelo en su mano o póngalo en un bolsillo cerca al corazón.

Magia para la fertilidad

Coloque una calabaza pequeña debajo de su cama. Limpie un collar de pendientes de cornalina, poniéndolo al Sol todo un día. Coloque el collar sobre la calabaza cada noche antes de acostarse. En las mañanas cuélgueselo en su cuello, recoja la calabaza y frótela alrededor de su ombligo y el área pélvica. Mientras hace esto, visualice su deseo de ser madre e imagine estar amamantando a su anhelado bebé.

Este ritual debe ser hecho todos los días durante tres meses. Al final de ese tiempo, lleve la calabaza a un jardín lleno de flores y déjela ahí. Use su collar a todo momento, incluso mientras duerme.

Hechizo para aliviar la pérdida de un ser querido

Cargue cerca a su corazón un cristal de amatista. Esto le recordará el amor, la alegría y la risa que compartió con su ser querido. El cristal ayudará a aliviar la pérdida.

Hechizo para atraer amor

En un pedazo de papel pergamino escriba las características de la persona que desea atraer (no use el nombre). Limpie un cristal de cuarzo rosado con tres gotas de aceite de rosa. Envuelva el cristal en el pergamino y amárrelo con una cinta rosada. Entierre esto bajo un rosal un jueves a medianoche, y diga: *"Oh, madre tierra, te doy la persona que deseo atraer. Que sólo belleza y bondad vea en mí la persona que tienes en tu interior".*

Desentierre su cristal el viernes a medianoche y deje una semilla de una flor. Cargue el cristal envuelto a todo momento, especialmente cuando esté cerca a la persona que pretende atraer.

Hechizo para aumentar el deseo sexual

Ponga cornalina en un tazón blanco con agua. Adicione una cucharadita de sal, y deje el recipiente afuera durante tres días y tres noches. Cuando el tiempo se haya cumplido, sostenga el cristal cerca a su corazón, visualice sus deseos y necesidades, e imagine hacer el amor apasionadamente junto al mar con alguien que ama profundamente. Mantenga el cristal en una bolsa de tela roja y póngalo bajo su almohada.

Hechizo para un ser amado que está lejos

Limpie una geoda de ágata que ha sido cortada por la mitad en un tazón de agua salada (agua con una cucharadita de sal), una vez al día y de nuevo en la noche durante tres días. Conserve la mitad y envíe la otra a su ser amado. Sin importar la distancia, siempre estarán juntos.

Hechizo para un amante

Ponga un cristal de ojo de tigre en suficientes pétalos de rosa frescos para cubrirlo, y déjelo en un lugar muy especial durante tres días. Cuando el tiempo se haya cumplido, sostenga el cristal con fuerza y visualice su amor penetrándolo como un destello luminoso. Déselo a la persona que ama con esta idea en su mente.

Hechizo para permanecer fiel a la persona amada

Lleve un cristal de piedra imán a un árbol que tenga un nido de pájaros. Frótelo sobre el árbol y diga: *"Seré fiel como los pájaros que anidan aquí"*. Lleve el cristal a la cama y póngalo bajo las sábanas en el lugar que yace la almohada.

Hechizo para descubrir los verdaderos sentimientos

En un tazón lleno de agua adicione tres gotas de aceite de rosa, los pétalos de una rosa, y un cristal de sodalita. Déjelo en reposo tres días. Luego remueva el cristal y manténgalo cerca a su corazón. Le ayudará a descubrir sus verdaderos sentimientos.

Hechizo para liberarse de la ira

Entierre profundamente un cristal de ágata de encaje azul en las raíces de un arbusto de lavanda. Déjelo ahí durante siete días, y desentiérrelo el octavo día después de las 3:00 P.M. Sostenga el cristal y acérquelo a su corazón, luego diga: *"Ágata azul con tu calmante color, abre mi corazón y saca mi ira, de tal forma que no pueda dirigirla contra mí o los demás"*. Envuelva el cristal en un trapo azul y llévelo siempre con usted.

Protección contra el hechizo de un enemigo

En un tazón transparente coloque siete clavos oxidados y siete granos de pimienta. Llénelo con agua y adicione una pizca de sal. Agregue un cristal de cuarzo claro, uno de ojo de tigre, y uno de lágrima de apache. Mezcle todo, visualice protección contra quien le desea hacer daño, y diga: *"Mantén lejos a mi enemigo, para que no me haga más mal"*. Deje quieto el tazón durante 24 horas, luego coloque los cristales en una bolsita azul y cárguelos a todo momento.

Hechizo para eliminar el miedo

Deje al Sol un cristal de aguamarina durante tres horas. Cuando esté caliente, sosténgalo y visualice el calor entrando a su cabeza. Piense sólo en el calor del Sol. El miedo se disipará, y el cristal le dará fortaleza para enfrentar cada día.

Hechizo para proteger la casa

Deje cuatro puntas de cristal de cuarzo claro afuera de su casa en una noche de Luna llena. Recójalas el día siguiente, apriételas fuertemente en sus manos, y visualice protección para su casa. Ponga los cristales dentro de ella, uno en cada esquina, con la punta mirando hacia afuera (esto es, hacia el patio o traspatio). Mientras coloca cada uno diga: *"Con este cristal protejo mi casa de energías negativas y entidades malignas"*.

Hechizo para liberar el estrés

Coloque siete cristales de amatista en un vaso grande con agua. Cúbralo con una toalla de papel y déjelo afuera durante la noche. Al amanecer, filtre todo a través de un colador fino o una estopilla, y luego tómese el agua. Se sentirá calmado y totalmente purificado.

Hechizo para estudio y exámenes

Consiga un cristal de citrina y uno de fluorita, y colóquelos en un tazón blanco. Llene el recipiente con agua y adicione una cucharadita de sal y tres gotas de aceite de romero. Déjelo afuera tres días y tres noches. En el cuarto día, tome los cristales y visualice calificaciones excelentes. Cargue los cristales cada vez que esté estudiando o resolviendo exámenes.

Hechizo para encontrar empleo

En un tazón con agua agregue un cristal de jaspe rojo, tres astillas de canela y una cucharadita de azúcar. Deje esto en un lugar secreto donde reciba el brillo de la Luna durante tres noches y cuatro días. Sostenga el cristal con sus manos y visualice el trabajo que desea encontrar. Siempre lleve el cristal cerca a su corazón.

Hechizo para recordar sueños

Limpie un cristal de cuarzo ahumado en agua de lavanda (agua con dos gotas de aceite de lavanda), cada noche antes de acostarse, y luego póngalo debajo de su almohada. Mantenga al alcance de su mano una libreta de notas y un lapicero. Registre sus sueños al despertar y antes de levantarse de la cama. Tan pronto como sus pies toquen el piso, los sueños se disiparán.

Hechizo para combatir el insomnio

Ponga dos gotas de aceite de lavanda puro alrededor de una amatista. Sosténgalo en sus manos justo antes de acostarse. Visualice pensamientos pacíficos y sueños felices. Coloque la amatista en un calcetín morado bajo su almohada, y acuéstese a dormir.

Hechizo para que haya paz en la casa

Coloque un cuarzo rosado en un tazón grande, luego adicione agua, tres gotas de aceite de lavanda y tres de aceite de limón. Déjelo quieto por un día, después tome con las dos manos el tazón y visualice armonía y paz bienaventurada.

Colóquelo en la habitación donde suceden disputas con más frecuencia, y pronto experimentará un ambiente armonioso.

Hechizo para pedir un deseo

Seleccione un cristal que le atraiga. Límpielo utilizando el ritual presentado al comienzo de este capítulo, o con un procedimiento suyo. Cójalo con la mano que no escribe. Visualice su mayor deseo, luego véalo penetrar el cristal. Lleve este último a un arroyo y tírelo lo más lejos que pueda. Mientras el cristal se va con la corriente, su deseo lo seguirá.

Hechizo para protección contra el mal

En un vaporizador (spray) ponga cuatro cucharaditas de angélica seca, cuatro gotas de aceite esencial de olíbano y tres de aceite de ylang ylang, y un cristal de lágrima de apache; llene el recipiente con agua destilada y agite suavemente. Lleve su nuevo vaporizador al patio, y póngalo en el césped para que reciba el Sol de mañana y tarde y la luz de la Luna en la noche. Aplíquese el rociador en la mañana antes de salir, así mantendrá a raya el mal y las energías negativas.

Hechizo para atraer el ser amado

Compre un ramo fresco de albahaca un viernes por la mañana, llévelo a casa y colóquelo en agua lo más pronto posible para mantenerlo sano y lleno de amor. Mientras sostiene un cristal de cuarzo rosado en la mano, visualice a quien desea atraer a su vida. Exprima el aceite de cinco de las hojas de albahaca, frótelo en el cristal y consérvelo siempre en un trapo de seda rosada.

Hechizo para desviar la envidia

Dibuje un círculo grande en un pedazo de papel pergamino, y en el centro escriba notoriamente el nombre (o nombres) de quienes quiere proteger de la envidia de otros; utilice tinta roja. Ponga este papel dentro de un tazón vacío. Luego adicione un cristal de cornalina limpiado con agua lluvia, llene el recipiente con semillas de eneldo, y déjelo junto a su puerta principal para que la envidia permanezca lejos de su casa y sus seres queridos.

Hechizo para el dinero

Vaya al banco un jueves por la mañana y haga un retiro; todo lo que requiere es un billete de cinco dólares (o la denominación correspondiente a su país). Limpie un cristal de citrina con aceite esencial de albahaca y envuélvalo con el billete. Mantenga esto en su billetera o cartera todo el tiempo que quiera, pero nunca lo gaste, pues es necesario para atraer más dinero.

capítulo 3

Baños mágicos

Un baño nos conecta con el elemento agua, y podemos aumentar su poder con la ayuda de hierbas, cristales y aceites esenciales. Tomar un baño nutre todo el cuerpo, y las propiedades de las hierbas, cristales y aceites pueden producir un estado mental positivo, además de promover salud y bienestar.

Un baño mágico con esos ingredientes puede ser mejorado con visualización positiva. Así es como la verdadera magia es llevada al cuarto de baño, estimulando la relajación y ayudando a manifestar sus sueños. Cuando disfrute un baño de esta forma, se sentirá flotando, como si caminara en el aire. Su cuerpo experimentará un ligero hormigueo, y la energía positiva vibrará a su alrededor. La energía negativa será drenada con el flujo del agua desechada.

Los hechizos de baños mágicos presentados aquí usan gran parte de las antiguas formas de santería que lo incitarán a la exploración así como a la risa. En un baño mágico es importante que moje su cabello, y entre más tiempo se bañe, mejor. No se deben usar jabones ni ningún tipo de detergente cosmético. Si lo desea, tome una buena ducha y lave su cabello antes de disfrutar su baño mágico.

Después de su baño, pero antes que el agua sea drenada, recoja todo lo que ha puesto en él, y, si no es especificado en el hechizo, deshágase de eso en cualquier parte, excepto en el bote de la basura. Finalmente, dese palmaditas después del baño para sellar la magia.

Si no tiene bañera en su casa, puede usar los ingredientes en un balde lleno de agua tibia. Luego vierta lentamente el agua desde la coronilla hasta los dedos de sus pies.

Hechizos con baños

Hechizo para la prosperidad

Adicione al agua de baño una cucharada de aceite de almendra, media taza de granos de avena secos, diez semillas de un tomate maduro, y los pétalos de tres tulipanes. Métase a la tina y visualice sus deseos y necesidades, imaginándose manifestarlos. Después del baño, recoja los tulipanes y los granos de avena, séquelos al Sol, y luego riéguelos frente a un banco. Haga esto cada jueves durante dos meses.

Hechizo para conseguir dinero

En una sartén coloque cinco tazas de agua para hervir. Adicione un puñado de perejil fresco, albahaca y hojas de menta. Filtre las hierbas y conserve el agua para el baño. Mientras mezcla el agua herbal con el agua de baño, imagine dinero llegando a usted, y después que esté en la tina, piense sólo en seguridad financiera.

Hechizo para traer abundancia

Adicione la cantidad que desee de albahaca, perejil y alfalfa frescos a un baño tibio. También agregue los pétalos de una flor roja para determinación. Visualice abundancia, véala en el ojo de su mente. Cuando menos lo espere se hará realidad.

Hechizo para mejorar la habilidad psíquica

Adicione al baño un ramo de apio fresco, una cucharadita de azafrán y una de tomillo, cinco hojas grandes de laurel, un pequeño ramo de madreselva, y dos astillas de canela. Visualice un arco iris de colores emergiendo de su tercer ojo, agrandándose cada vez más y conectándose con el universo.

Hechizo para atraer amor

Ponga en una olla grande tres astillas de canela, un ramo de albahaca fresco, siete clavos de cocina y seis tazas de agua. Ponga la olla sobre la estufa y hierva el contenido. Filtre las hierbas y vacíe el agua en su bañera. Adicione los pétalos de una flor rosada, una margarita y tres pensamientos. (Nota: escoja la flor cuidadosamente para evitar reacciones alérgicas, efectos dañinos de los aceites, etc.). Métase al agua y sienta la agradable energía a su alrededor. Imagine su aura cambiando a un amoroso y apasionado rojo. Repita este hechizo tres días consecutivos, empezando un viernes, el día del amor.

Hechizo para la suerte

Adicione a su baño una taza de jugo de piña para endulzar los pensamientos agrios. Visualice que todo está funcionando como fue planeado.

Hechizo para atraer mujeres

Adicione a su baño cinco hojas de laurel y una cucharadita de jengibre fresco triturado. Visualice todas las mujeres que pueda, e imagine que las abraza. Haga esto un martes, para aprovechar la energía de atracción de Marte. Después del baño, recoja las hojas y séquelas al Sol. Llévelas con usted a todo momento en una bolsita roja.

Hechizo para atraer hombres

Agréguele al agua de baño una cucharadita de cebada y los pétalos de tres flores rosadas. (Nota: escoja las flores cuidadosamente para evitar reacciones alérgicas, efectos dañinos de los aceites, etc.). Métase en la bañera y visualice el hombre que quiere en su vida. Haga esto el viernes, cuando Venus ejerce su atracción.

Hechizo para antes de cumplir una cita

Prepare un baño caliente mientras sostiene tres rosas rojas cerca a su corazón. Pétalo por pétalo, tire las rosas al agua pensando en un posible nuevo amor. Adicione una cucharadita de damiana seca, esparciéndola justo antes de bañarse. En la tina, visualice su cita y cómo le gustaría que terminara.

Hechizo para una noche apasionada

Uno por uno, ponga los pétalos de tres rosas rojas en un baño con tres gotas de aceite esencial de albahaca, para mejorar una noche de pasión y amor. Cuando esté en la bañera, visualice una llama más grande que el universo.

Cuando salga, suavemente dese palmaditas para secarse, recoja los pétalos, y séquelos con un pañuelo de papel presionándolos duro. Póngalos en una bolsita roja con una cucharadita de azafrán seco, y colóquela debajo de su almohada.

Hechizo para encontrar el alma gemela

Pele tres manzanas. Adicione las cortezas al baño junto con una cucharadita de cebada seca y una de hierba de limón. Métase a la tina y visualice su alma gemela. Haga esto siete días, empezando un viernes. Después de cada baño recoja las cortezas de manzana, séquelas (pero no al Sol), y manténgalas detrás de la puerta principal de su casa.

Hechizo para antes de la boda de la novia

En una bañera adicione seis gotas de aceite esencial de lavanda y siete flores de diferentes colores. (Nota: escoja las flores cuidadosamente para evitar reacciones alérgicas, efectos dañinos de los aceites, etc.). Acomódese suavemente en la bañera y relájese.

Hechizo para resfriados y gripe

Tome un manojo de hojas frescas de eucalipto, divídalas por la mitad con sus manos, y colóquelas en la bañera con cinco gotas de aceite de eucalipto. Mientras está en la tina, imagine un bosque claro con su aroma puro y refrescante.

Hechizo para después de una enfermedad

Prepare un baño y en él adicione los pétalos de tres rosas blancas, tres gardenias blancas y tres claveles blancos, con una rociada de romero seco. Haga esto el domingo, el día sanador.

Hechizo para alegrar el alma

Taje una naranja y un limón por la mitad y colóquelos en la bañera con tres gotas de aceite esencial de neroli. Como el vapor en el cuarto de baño, imagine que cualquier pesadez del corazón se disipa lentamente.

Hechizo para purificar el alma

Prepare un baño y adiciónele al agua la leche de un coco fresco y los pétalos de una flor blanca. (Nota: escoja las flores cuidadosamente para evitar reacciones alérgicas, efectos dañinos de los aceites, etc.). Visualícese elevándose a los cielos, sintiéndose libre y lleno de amor, con energías universales vibrando a su alrededor. Está conectado y purificado.

Hechizo para eliminar la negatividad

Agregue a su agua de baño media taza de vinagre, un ramo de ruda fresca y una cucharada de sal. (Nota: la ruda puede causar dermatitis al contacto con la piel). Encienda una vela blanca y una azul cerca a la bañera. Imagínese como una luz pura, con sólo energía universal pura entrando a su ser. Visualice la negatividad saliendo de cada poro de su cuerpo.

Hechizo para disipar la ira
Prepare un baño y adicione cinco violetas y sus hojas, más tres gotas de aceite esencial de lavanda. Cuando esté en la tina, recuerde que una palabra dicha con ira lo perjudica tanto a usted como a los demás, anula la energía pacífica.

Hechizo para detener el chisme
Adicione a su agua de baño un puñado de clavos de cocina y dos cucharaditas de cardo bendito seco. Visualice una barrera entre usted y el chisme para mantenerlo a raya.

Hechizo para acostar a los niños en la noche
Dele a sus niños un baño con la adición de unas pocas gotas de aceite esencial de lavanda. Ellos se irán a dormir mágicamente.

Hechizo para el sueño en la noche
Adicione a su baño siete flores de jazmín, un ramo de acebo y tres gotas de aceite esencial de menta. Visualícese soñando y disfrutando su mundo de sueños. Tome el baño justo antes de acostarse.

Hechizo para sentirse protegido y seguro

Consiga los tréboles de tres hojas que pueda (del tipo con flores blancas que no haya sido recientemente rociado con pesticida o herbicida), en casa o en el parque local, asegurándose que vengan con los tallos. Ponga los tréboles en el baño con tres palos de apio picados. Visualícese como un caballero usando una brillante armadura que protege su cuerpo y alma. Sepa que nadie puede penetrar su escudo.

Hechizo para pedir un deseo

Agregue a su agua de baño dos girasoles grandes pétalo por pétalo, junto con un puñado de salvia triturada. (Nota: no use salvia si está amamantando, puede secar las glándulas mamarias). Métase a la tina y visualice su deseo arriba en las nubes, flotando en los cielos y siendo alimentado por manos amorosas. Imagine su deseo materializándose.

Hechizo para la protección

Llene la tina con agua tibia. Adicione un vaso de agua que ha tenido clavos oxidados durante una semana, y un puñado de hojas de tres tréboles. Encienda una vela azul, y mientras se sumerge en esta armadura de acero, visualice una protección a su alrededor que nadie puede ni podrá penetrar. Repita el procedimiento las veces que considere necesario.

Hechizo para que el ser amado se mantenga interesado

Un viernes, tome una flor del jardín de su pareja; si no encuentra ninguna, recoja algo verde que crezca en la tierra o en una planta de maceta dentro de la casa para poner en su bañera con una cucharadita de romero seco, el aroma de su loción para después de afeitarse, y los pedazos de la parte blanca de un coco. Sumérjase en la bañera visualizando a su amante ocupándose de todas sus necesidades, teniendo sólo ojos para usted, ignorando los encantos de otras personas.

Hechizo para limpiar pensamientos y acciones negativos

Hechizo es simple e indispensable. Adicione una taza de sal gema a su baño, una cucharada de aceite de oliva, media taza de pistachos triturados (naturales, no los teñidos de rojo); agregue cinco gotas de aceite esencial de olíbano. Entre a la bañera visualizando la negatividad que desea alejar para que nunca penetre de nuevo su aura, y vea una luz azul a su alrededor, la cual lo protegerá de las acciones malignas.

Hechizo para proteger sus hijos de malos ojos ajenos

Cuando sea el momento de bañar a su hijo(a), llene la tina y adicione un cuarto de cucharadita de tinte culinario azul, la cáscara de un limón, una cucharadita de sal, tres gotas de aceite esencial de lavanda, una cucharadita de camomila seca, un patico de goma y un palo de apio para que su hijo se entretenga. Deje que su hijo juegue en la tina como es usual mientras lo baña, y visualice protección de los malos ojos de otras personas. Séquelo con palmaditas y repita esto cada noche durante una semana; los resultados valen la pena.

capítulo 4

Magia de las hierbas y plantas

Las hierbas son unas de las más importantes herramientas que podemos usar para hacer magia. Durante siglos, han sido utilizadas por sus propiedades mágicas y curativas. Actualmente, los medicamentos farmacéuticos son simplemente versiones sintéticas de lo que nuestros ancestros solían usar.

Al igual que los humanos, las plantas están ligadas a los cuatro elementos: aire, agua, tierra y fuego. Sin estos componentes, las plantas y el hombre posiblemente no existirían. Todos necesitamos aire para respirar, agua para beber, tierra como fuente de alimento, y fuego para tener luz y calor. Pero en ocasiones nos olvidamos de nuestro entorno. ¿Cuándo fue la última vez que admiró una flor silvestre en el campo, o tocó un poderoso roble? Esto es algo que muchas personas no pueden hacer diariamente, y como consecuencia pierden el contacto con la naturaleza. Recuerde, uno de los colores más predominantes del mundo es el verde. Significa crecimiento, el cual trae entendimiento, prosperidad y curación.

Todas las hierbas y plantas crecen sobre la tierra. Desde el más pequeño arbusto hasta el más alto árbol, se alimentan de energías espirituales sagradas de la matriz de la madre tierra. Cuando se secan pueden usarse como incienso al ser quemados sobre una pastilla de carbón vegetal. El carbón es puesto en el centro del incensario y una vez prendido produce un humo oscuro. Después que desaparece el humo inicial, la pastilla de carbón se calienta al rojo vivo. En este momento es que se puede adicionar el incienso mágico.

Cuando corte hojas de una planta para hacer magia o cocinar, o corte flores para dárselas a un ser amado, recuerde nunca arrancarlas totalmente de sus raíces. Pídale siempre permiso a la madre tierra cuando lo haga y deje algo como retribución o señal de agradecimiento, tal vez un cristal o una nueva semilla de cualquier tipo.

Las hierbas también pueden ser usadas como *amuletos*, que son encantos o adornos empleados para protección o un propósito. Pueden encontrarse en joyas o en bolsitas. Usted puede comprar estas bolsitas si lo desea, o hacerlas con un pedazo de material de algodón de color especificado para el hechizo que está haciendo. Simplemente debe poner el contenido en el centro del trozo del material de algodón, hacer un pequeño bulto, y amarrarlo con alguna clase de cuerda. A continuación encontrará varios amuletos herbales que puede utilizar en casa o en el trabajo, o para protección contra la negatividad que puede filtrarse en su vida cotidiana.

Amuletos herbales
Magia para el dinero

En un tazón verde mezcle una cucharadita de jengibre en polvo, una de musgo irlandés, y una de semillas de sésamo. Triture estos ingredientes hasta formar un polvo, y mientras lo hace, visualice sus necesidades de dinero.

Encienda una tableta de carbón y encima adicione un cuarto de cucharadita de su polvo mágico. Concéntrese, respirando lenta y constantemente. Haga esto diez minutos cada noche durante siete ocasiones, empezando un jueves justo después de que el Sol se oculte.

Hechizo para tener dinero en su cartera o billetera

Si se encuentra sin un centavo, rocíe sasafrás seco en su cartera o billetera, y siempre tendrá suficiente para las cosas que necesita comprar.

Hechizo para la prosperidad

Rocíe retoños de alfalfa frescos al frente y atrás de su casa. Mientras lo hace, visualice sus mayores necesidades y recite lo siguiente: *"Que la tierra tome esta ofrenda que le doy; que me traiga la prosperidad necesaria"*. Haga esto siete veces cada jueves, y no se limite —rocíe buenas cantidades de retoños de alfalfa—.

Hechizo para la fertilidad femenina

Consiga un ramo de muérdago y déjelo dentro de casa secándose hasta que se ponga quebradizo. (Nota: las bayas de muérdago son venenosas; no las ingiera). Coloque el muérdago seco dentro de una bolsita naranja. Llévela con usted a donde vaya, y en la noche póngala debajo de la almohada. Esto fortalecerá el sistema reproductivo femenino.

Hechizo para la fertilidad masculina

Si desea mejorar su fertilidad, coma mucha zanahoria, semillas de zanahoria y bananas en grupos de tres. Esto ayudará al sistema reproductivo con mayores niveles de esperma.

Hechizo para encontrar amor

Seque tres semillas de albaricoque. Haga una pequeña bolsa rosada y coloque las semillas en su interior con tres gotas de aceite esencial de ylang-ylang. Visualice pensamientos positivos de amor en su vida.

Nota de amor

Un viernes por la noche escriba una nota para la persona que ama, luego frote suavemente un manojo de brotes de lavanda sobre ella. Tire los retoños al viento y diga: *"Que la fragancia de la lavanda lleve mis pensamientos a quien amo"*. Cuando la persona que quiere abra esta nota, sólo importará sus pensamientos amorosos.

Hechizo para atraer mujeres

En una pequeña taza adicione tres gotas de aceite de sándalo, dos de aceite de cedro, y una hoja de laurel. Mezcle todo y deje en reposo una noche bajo Luna llena. Mientras pone la taza en el césped diga: *"Fuerza y magnetismo tendrá esta hoja, ninguna mujer resistirá la energía masculina que posee, y estarán atraídas por el hombre que ven en mí"*. Cargue la hoja cada vez que salga y atraerá muchas mujeres.

Hechizo para atraer hombres

En una bolsita roja inserte una cucharadita de hierba gatera seca y cuélguela alrededor de su cuello. Así como un gato se vuelve loco al oler el "aroma mágico", los hombres también serán atraídos por él.

Hechizo para aumentar la energía sexual en los hombres

En una bolsita roja inserte tres bellotas, el ápice de una banana verde, y tres conchas de ostras que haya consumido y secado al Sol durante tres horas. Mantenga esto cerca a sus extremidades inferiores (en los bolsillos, por ejemplo) y verá un cambio positivo en su vida sexual.

Hechizo para aumentar el deseo sexual en las mujeres

Consiga una hoja de anea seca, y mientras visualiza sus necesidades sexuales, póngala en una bolsita roja. (Nota: en algunas áreas es ilegal cortar aneas). Llévela con usted a cada momento.

Hechizo para atraer amigos

Haga una bolsita rosada o morada. Deje secar los trozos de cáscara de un limón durante tres días. Luego póngalos en su bolsita, y adicione una cucharadita de pétalos de pasionaria y un cristal de restañasangre que haya sido limpiado con aceite esencial de lavanda. Coja esta pequeña bolsa en sus manos y visualícese en un lugar lleno de personas, hablando, riendo y divirtiéndose. Llévela con usted cuando necesite un amigo.

Hechizo de protección para la casa

Con una cinta roja, ate una ristra de ajos en la esquina de su puerta principal. Esto lo protegerá a usted y su familia de energías negativas que pueden entrar a su casa. Nunca deje que nadie use el ajo para otra cosa.

Hechizo de protección contra intrusos

Consiga un coco fresco, drénelo y córtelo por la mitad. En un tazón, mezcle una cucharadita de romero fresco, una de albahaca, y media taza de arroz crudo. Revuelva todo esto, y luego llene las dos mitades del coco con la mezcla. Una el coco y envuélvalo con cinta blanca para mantenerlo cerrado. Salga un domingo por la noche y entiérrelo en el traspatio. Protegerá su casa y el patio.

Hechizo para eliminar fuerzas negativas de la casa

En la puerta frontal y trasera de su casa, cuelgue un ramo de trébol al revés. Mientras lo hace, sienta la energía negativa a su alrededor, y diríjala a cada ramo. Luego el trébol estará preparado para luchar contra la energía negativa que rodee su vivienda.

Hechizo para protección contra el mal

Haga cuatro bolsitas azules, todas del mismo tamaño. Mezcle en un tazón dos cucharaditas de cada uno de estos ingredientes: angélica seca, sello de Salomón y bálsamo de brotes de Galaad. (Nota: la angélica fresca se parece mucho a la venenosa cicuta, la cual puede ser fatal). Mientras hace esto, visualice su casa protegida del mal. Divida la mezcla en cuatro cantidades iguales y llene cada bolsita. Cuelgue o esconda las bolsitas en las cuatro esquinas de su casa.

Hechizo para el valor

Rocíe en sus zapatos una pizca de milenrama seca y una de tomillo. (Nota: la milenrama puede causar dermatitis al contacto con la piel). Mientras los use, sus temores desaparecerán y tendrá el valor de hacer lo que se ha propuesto.

Hechizo para mejorar la mente

En una bolsita amarilla ponga tres granos de vainilla partidos por la mitad, un ramo de romero fresco, y los pétalos de un lirio de los valles, y úsela en su cuello. (Nota: las hojas del lirio de los valles pueden causar irritación en la piel). Con cada respiración visualice su mente haciéndose más potente, recordando fechas que no deseará olvidar.

Hechizo para una entrevista de trabajo

En una jarra suficientemente grande para meter un manojo de nueces trituradas, adicione tres gotas de aceite de rosa, y mantenga adentro un toque de suerte (raíz de una orquídea), con la tapa bien cerrada. Después de tres noches, ponga su mano de la suerte y las nueces en una bolsita roja, y llévela con usted a sus entrevistas de trabajo. Con esta pequeña bolsa se sentirá confiado mientras le hacen preguntas, y tendrá una buena posibilidad de conseguir el empleo que quiere. No deje que nadie más vea la bolsita.

Hechizo para quienes juegan a ganar

En un tazón verde mezcle una cucharadita de semillas de amapola, una de angélica seca, y una de camomila seca. (Nota: la angélica fresca se parece mucho a la venenosa cicuta, que puede ser fatal). Mientras hace esto, visualice ganar no sólo en las cartas, sino en todo lo que haga. Ponga las hierbas en una bolsita verde y llévela con usted a todo momento.

Hechizo para problemas al dormir

Elabore una bolsita morada, y mientras la hace piense en tener un buen sueño nocturno. Dentro de ella, adicione una cucharadita de valeriana seca, y cada noche sosténgala en su mano mientras yace acostado en la cama. Rápidamente estará dormido profundamente, y cuando despierte, la bolsita estará en algún lugar de su cama.

Hechizo para entendimiento espiritual y fuerza psíquica

En un jarro de tamaño mediano, llenado hasta la mitad con aceite de almendra, adicione una cucharadita de yerba santa seca, damiana y hojas de menta verde con siete gotas de aceite esencial de lima. (Nota: el aceite de menta verde es tóxico y las hojas pueden causar dermatitis). Mezcle todo con una cuchara plástica y tápelo. Se deberá usar antes de curaciones espirituales o para propósitos de adivinación. Ponga tres gotas en sus manos antes de empezar, frótelas suavemente y colóquelas sobre su frente. Luego lleve las manos a la parte trasera de su cuello, respire profundamente y comience el trabajo. También puede usar esta mezcla en su baño.

Hechizo para el viaje astral
En una bolsita morada ponga dos cucharaditas de angélica seca y dos de hojas de menta piperita trituradas, y adicione un cuarzo ahumado que haya sido limpiado con aceite esencial de lavanda. (Nota: la angélica fresca se parece mucho a la venenosa cicuta, que puede ser fatal; además, el aceite de menta piperita es tóxico y las hojas pueden causar dermatitis). Mientras hace esto, visualice lo que le gustaría del plano astral, y cada noche, antes de acostarse, frote la bolsita sobre la planta de sus pies. Esto lo llevará a donde quiera ir y lo protegerá en el viaje.

Hechizo para la protección de la casa
Haga un pequeño hueco en el centro de su patio, llénelo hasta la mitad con arroz crudo, luego ponga una foto de su casa, y encima un limón y un trapo de algodón azul para cubrir todo. Llene el resto con tierra, y alrededor haga un círculo con once dientes de ajo; clávelos de tal forma que no sean vistos. Su casa está ahora protegida.

Hechizo para encontrar amor

Limpie su alcoba y queme cinco prendas interiores que haya usado en presencia de un viejo amor, y luego compre nuevas para un nuevo amor. Lave las sábanas de la cama con unas cuantas gotas de aceite esencial de rosa, para que en la noche pueda buscar a quien quiere amar. Debajo de la almohada ponga un retrato suyo abrazando la persona de sus sueños; usted debe dibujarlo, nadie puede ayudarlo con esto. Riegue albahaca seca encima cada noche antes de acostarse.

Hechizo para casarse

Consiga una muñeca nueva (pequeña o grande) con su color de cabello actual. Llénela con las siguientes hierbas, sin necesidad de medir siempre que mezcle partes iguales de ellas: pétalos de rosa secos, albahaca, romero, cáscaras secas de limón y naranja. Si su cabello es corto, corte el de la muñeca, y si es largo péinelo como usted lo haría. Hágale un traje de novia, desde la ropa íntima hasta los zapatos. Siéntela en su cama usando siempre algo nuevo, algo prestado y algo azul. El día de su boda, bésele la mejilla y quítela de su cama; manténgala cerca y usted siempre será una novia.

Hechizo para la suerte

Con una larga rama de un roble haga una escoba utilizando finas tiras de bambú, helechos secos y una pequeña rama de naranjo. Úsela como símbolo, barriendo su puerta principal cada mañana, con movimientos hacia adentro para atraer suerte, y dejándola al revés detrás de la puerta para que ésta pueda permanecer ahí y nunca se disipe.

capítulo 5

Magia con velas

Las velas son más que decoraciones para cenas y noches románticas. La llama de una vela emite energía universal. También trae luz a nuestras vidas, no sólo para poder ver en la oscuridad, sino para que nuestro espíritu se comunique con los cielos.

La llama de una vela puede compararse con el espíritu humano. Sin importar las circunstancias, todos tenemos una llama viva interiormente. A veces disminuye su intensidad cuando perdemos la esperanza y nuestro futuro parece oscuro e incierto. Pero podemos reencenderla una y otra vez, y arderá hasta que nuestro trabajo en el mundo haya terminado.

Los humanos a menudo han usado el fuego para brindar homenaje a poderes superiores. Ahora es tiempo de hacerlo para nosotros mismos, porque en realidad *somos* el poder superior. Somos los únicos que podemos traer creación o destrucción a nuestras vidas.

La vela ardiendo une nuestro espíritu con su llama. Por medio de la visualización y concentración, una vela puede actuar como un faro enviando mensajes al universo. Cuando visualice sus deseos, trate de hacerlo de manera positiva, y respete los destinos de otros.

El trabajo con velas puede complicarse debido a las diferentes velas de colores usadas. Yo he hecho este tipo de ritual lo más sencillo posible, pero hay cosas que usted debe saber antes de empezar.

Cuando desarrolle los rituales que se presentan en este libro, tal vez necesite encontrar un lugar especial donde no sea interrumpido. Deberá tener una mesa mediana cubierta con una tela blanca o morada. Este será su altar. También necesitará candeleros y un quemador de aceite que puede comprar en cualquier punto de venta que expenda aceites y esencias de aromaterapia.

El altar siempre deberá tener dos velas para el día de la semana, y estas cambiarán de color según el ritual.

En muchos hechizos no he especificado cuánto tiempo deben durar; eso depende de usted y su tiempo. Sólo recuerde que entre más concentración y visualización aplique a cualquiera de los hechizos, mejor será el resultado de su propósito.

Use la lista presentada a continuación como una guía general día a día. También puede utilizar las velas para ocasiones en que quiera aumentar los atributos específicos que el color de la vela representa. Por ejemplo, si desea estimular fuerza y pasión, encienda una vela roja. Puede encenderla cualquier día de la semana, no necesariamente tiene que ser en el que se le ha designado.

Domingo	Amarillo para ayudar en la curación del ser y aprender algo nuevo.
Lunes	Blanco para pureza y protección.
Martes	Rojo para fuerza y pasión.

Miércoles	Morado para sabiduría y comunicación familiar.
Jueves	Azul para paciencia y tranquilidad.
Viernes	Verde para el amor y crecer en la vida.
Sábado	Negro para liberarse de la negatividad de la semana que acaba de pasar y promover lo positivo para la semana venidera.

En muchos rituales necesitará usar una vela del color asociado con el signo astrológico de la persona llamada *vela astral*. Para esto, diríjase a la siguiente tabla.

Aries	Marzo 21–Abril 19 Blanco
Tauro	Abril 20–Mayo 20 Rojo
Géminis	Mayo 21–Junio 21 Rojo
Cáncer	Junio 22–Julio 21 Verde

Leo	Julio 22–Agosto 22 Rojo	
Virgo	Agosto 23–Septiembre 22 Negro	
Libra	Septiembre 23–Octubre 22 Negro	
Escorpión	Octubre 23–Noviembre 21 Pardo	
Sagitario	Noviembre 22–Diciembre 21 Dorado	
Capricornio	Diciembre 22–Enero 19 Rojo	
Acuario	Enero 20–Febrero 18 Azul	
Piscis	Febrero 19–Marzo 20 Blanco	

Una vez que elija un hechizo, compre velas largas de colores, que ardan el mismo color de comienzo a fin. No use aquellas que son blancas por dentro.

La vela se divide en dos partes. Del medio hacia la mecha se conoce como el *Polo Norte*, y la mitad de abajo como el *Polo Sur*. Ahora que sabe esto, puede comenzar a *vestir* las velas antes del ritual. Para hacer esto, busque en su cocina aceite de oliva, aceite vegetal, aceite de germen de trigo, de almendra o de coco. Tome en sus manos una pequeña cantidad de él, coja una vela a la vez, con la mano derecha frótela hacia el Polo Norte, y con la izquierda hacia el Polo Sur. Nunca frote la vela con movimiento de arriba a abajo. Mientras lo hace, visualice sus necesidades y deseos, y la razón por la que quiere desarrollar el ritual.

Algunos de estos hechizos pueden continuar durante varios días, pero si no es especificado, debe finalizarlo el mismo día. No hay necesidad de comprar más velas, a menos que unas se consuman más rápido que otras. Si compra otra vela, repita el ritual adecuadamente. Nunca sople ninguna de ellas, pues disipará la energía que transmiten. En lugar de eso, utilice los dedos o un despabilador.

Cuando haya finalizado su hechizo puede aún tener sobrantes de algunas velas. Nunca los vuelva a usar en un hechizo. Si desea usarlas, hágalo con diferente propósito, y todo lo que quede en la tela de su altar, tírelo al viento.

Además, tenga cuidado con el fuego. Nunca deje velas sin atender o con los niños solos.

Hechizos con velas
Hechizo para alcanzar el éxito
Encienda dos velas de altar azules un jueves por la noche, y queme tres gotas de aceite esencial de lima en su quemador de aceite. En un pequeño tazón ponga nuez moscada triturada, y siéntese para que visualice sus intenciones de éxito.

Después, prenda su vela astral y alrededor de ella cuatro velas naranja. Sentado o parado, vea en el ojo de su mente el éxito que desea tener. Cada cinco minutos acerque las velas naranja hacia la vela astral. Después que estén agrupadas, extienda sus brazos, mire hacia el cielo, y finalice el ritual diciendo: *"Llama de estas velas, busco en el universo fuerza que me lleve al éxito. Lo necesito ahora. No pretendo perjudicar a nadie, y esta es la única forma en que deseo obtenerlo"*. Deje que todas las velas se consuman completamente, y repita el procedimiento cuando lo requiera.

Hechizo para dinero

Encienda dos velas de altar azules un jueves después del crepúsculo, y al lado de cada una coloque dos ramos de albahaca fresca. Alrededor de éstos rocíe semillas de amapola, e imagine dinero pasando a través de la puerta principal en cualquier forma.

Después, prenda su vela astral en el centro del altar mientras sigue visualizando dinero. Luego, a cada lado de ella encienda dos velas verdes y diga: *"Escúchame, oh Divino, estoy llamándote. Con estas velas te envío mis necesidades económicas. Encontrarlo aquí o ahí, realmente no me importa, pero dámelo para poder resolver mis problemas financieros"*. Haga esto durante quince minutos, luego apague las velas. Repita el procedimiento cinco días consecutivos, y mientras lo hace cada día, mueva las velas verdes un poco más cerca a su vela astral, para que al final las tres estén unidas y trabajen por sus necesidades de dinero.

Hechizo para una empresa exitosa

Prenda dos velas de altar azules un jueves, justo antes de la Luna llena, visualizando su negocio y lo que éste necesita. Queme tres gotas de aceite esencial de albahaca en su quemador, y prenda tres lágrimas de olíbano (conos de incienso de olíbano) en su incensario para desviar la negatividad.

Con su empresa aún en mente, encienda cinco velas verdes si ella está abierta cinco días a la semana, seis si lo está seis días a la semana, y así sucesivamente. Prenda las velas cada mañana durante treinta minutos siete días consecutivos, y vea su negocio crecer. Repita el procedimiento cuando las cosas anden mal o sienta que necesita otro empuje.

Hechizo para encontrar la pareja perfecta

Encienda dos velas verdes un viernes por la noche. Sobre una pastilla de carbón, adicione una pizca de polvo de sangre de dragón (*Daemonorops draco; Dracaena*) y un poco de astilla de canela triturada. Mientras hace esto, visualice su compañero perfecto.

Después, prenda su vela astral en el centro del altar. Alrededor de ella encienda cuatro velas rosadas, y asegúrese de que las ubica hacia el Norte, Este, Oeste y Sur. En el medio, riegue pétalos de flores rosadas, preferiblemente rosas; luego diga: *"Llamo a todas las direcciones del mundo: Norte, Este, Oeste y Sur. Escúchenme: estoy buscando mi compañero, y necesito su ayuda para encontrarlo. Búsquenme, y estaré esperando con los brazos abiertos para que esta persona entre a mi vida"*. Siéntese y observe las velas ardiendo al unísono mientras el universo busca su pareja perfecta. Deje que las velas se consuman completamente.

Hechizo para que su enamorado le pida matrimonio

Encienda dos velas rojas un martes por la noche. Queme tres gotas de aceite esencial de rosa en su quemador, y sobre el altar riegue los pétalos de dos rosas rojas. Mientras hace esto, visualice la forma en que le gustaría que su compañero le proponga matrimonio.

Con esto en mente, ponga la vela astral de su pareja en el centro del altar y alrededor encienda tres velas rojas y tres rosadas alternativamente en círculo. Diga en voz alta: *"Mientras estas velas arden, también lo hace mi deseo de boda. [Nombre del prometido] y yo hemos estado juntos mucho tiempo. Hemos hablado de matrimonio, y ahora, con este hechizo, espero iniciar una propuesta. Hay amor y respeto entre nosotros, así que si va a ser, que el amor lo venza todo"*. Siéntese y relájese mientras visualiza el día de la boda que siempre ha soñado tener. Cuando esté lista, apague las velas, y repita el procedimiento tres noches consecutivas.

Hechizo para arreglar un matrimonio

Encienda dos velas de altar moradas un miércoles, y amarre una cinta roja alrededor de algo que los dos compartieron y les trajo amor y alegría. Ponga este objeto en el centro de su altar, y queme dos gotas de aceite esencial de pachulí en el quemador.

Después, prenda una vela astral para cada uno, luego una vela roja y una naranja y colóquelas a cada lado de la vela astral de su pareja mientras visualiza fortaleza y amor. Vea su matrimonio como es y cómo le gustaría que fuera. Véanse hablando y llegando a una comprensión de lo que ha salido mal y cómo pueden arreglarlo. Luego diga: *"No sé si merezco la soledad que siento. Estoy dispuesto a trabajar por mejorar lo que está mal. Nuestro amor aún arde como las llamas de estas candelas. Oh, Divino, haz que el corazón de mi amor brille de felicidad una vez más. Hazme entender su tristeza. Por Venus, deseo que así sea"*. Relájese y piense en lo que acaba de hacer. Apague las velas. Haga este ritual tres días consecutivos, y siempre recuerde que la comunicación es la clave de un matrimonio exitoso.

Hechizo para meditación

Encienda dos velas de altar blancas en cualquier día de la semana. Prenda tres inciensos de olíbano (conos de incienso de olíbano) sobre una pastilla de carbón, y para un poco de inspiración adicione una pizca de raíz de mandrágora triturada. (Nota: la raíz de mandrágora es venenosa; no la inhale).

Para abrir su tercer ojo, continúe encendiendo dos velas moradas. En medio de ellas ponga un cristal de lapislázuli que haya sido limpiado con aceite esencial de lavanda. Comience la meditación como es usual y repita el procedimiento cada vez que lo haga.

Hechizo para calmar la ira de un ser amado

Un miércoles encienda dos velas de altar moradas en nombre de la persona que desea calmar. Ponga una raíz de loto en el altar y visualice la tranquilidad y paz que quiere ver en su ser amado. (Nota: en algunas áreas puede ser ilegal coger raíces de ninfea [loto]). Queme tres gotas de aceite esencial de lavanda.

Después, prenda la vela astral de la persona, y con siete velas de color azul claro haga un círculo alrededor de ella. Mientras las enciende, piense en esa persona. Véala enojada, y luego mejorar su actitud hasta que finalmente pueda observar una sonrisa en su cara. Transmita pensamientos de paz y amor, imaginando mares tranquilos o una montaña serena y fuerte. Apague las velas. Haga este ritual un miércoles cuando lo necesite.

Hechizo para encontrar amor interior
Encienda dos velas de altar verdes un viernes por la noche, y mientras lo hace visualice el amor que desea cultivar interiormente —un amor sin reservas ni odio—. Lleve a su altar un ramo de flores rosadas frescas y déjelas expuestas en un florero. Perciba la frescura y belleza que traen. Huélalas y sienta la paz.

Después, prenda cinco velas rosadas en un círculo, y en el centro ponga un manojo de cuarzo rosado que haya sido limpiado con agua salada (agua con una cucharadita de sal). Debajo de los cuarzos ponga un pedazo de papel con su nombre. Visualice las llamas calentando su corazón y diga: *"Soy una buena persona, amo lo que soy. Ya no sentiré más ira u odio dentro de mí, sólo la alegría que surge al saber y aceptar quien soy y lo que seré"*. Haga esto por unos quince minutos, luego apague las velas. Repita el procedimiento solamente los viernes por siete semanas consecutivas.

Hechizo para la suerte

Encienda dos velas de altar amarillas un domingo y queme tres gotas de aceite esencial de vetiver en su quemador. Riegue nuez moscada triturada en el altar y visualice traer suerte a su vida.

Después, prenda una vela negra y vea cómo toda su mala suerte es consumida con la llama. Luego encienda dos velas verdes para crecimiento y esperanza y vea cambiar su suerte. Visualice sus necesidades, levante las manos y diga: *"Que la suerte llegue a mi vida y la cambie. Soy una simple alma buscando y preguntando si soy digno de todos mis objetivos. No pretendo perjudicar a otros, sólo quiero continuar mi vida y dejar atrás mi mala suerte"*. Luego de diez minutos, apague las velas. Repita el procedimiento cada noche durante tres días consecutivos.

Hechizo para vencer una enfermedad

Encienda dos velas de altar amarillas un domingo y riegue hojas de eucalipto trituradas sobre la mesa del altar.

Mientras se ve a sí mismo saludable, prenda una vela naranja. A cada lado de ésta encienda una vela roja, luego retroceda y observe las llamas arder con su enfermedad. Sienta la fuerza interior dentro de usted para vencer su enfermedad y diga: *"Nunca más tendré sed por debilidad. Mi fortaleza ayudará a curarme y recuperaré mi salud"*. Apague las velas y repita el ritual cada domingo, hasta que un cambio en su salud pueda ser visto por usted y los demás.

Hechizo para transmitir energías curativas a un amigo o pariente enfermo

Encienda dos velas de altar amarillas un domingo. Triture un puñado de hojas secas de cálamo y menta piperita hasta obtener polvo. En una pastilla de carbón queme un cuarto de cucharadita de este polvo, mientras piensa en la persona a la que quiere transmitir bienestar. En un pedazo de papel pergamino, escriba el nombre de la persona y sobre él encienda su vela astral.

Estando aún concentrado en la enfermedad de su ser querido, prenda cuatro velas blancas y dos rojas, y frente a ellas una negra. Con esta última visualice la enfermedad de la persona fundiéndose, con las blancas visualice su curación y vea a la roja dándole fortaleza. Apague las velas, y si lo desea, haga este ritual cada domingo hasta que vea que el enfermo mejora, luego repítalo una vez al mes para ayudarle a mantener su valor y fortaleza.

Hechizo para acabar con una adicción
Encienda dos velas de altar rojas un martes por la noche. En medio del altar ponga la sustancia adictiva que desea abandonar (por ejemplo, un cigarrillo, alcohol, o algún tipo de droga). Cubra esta sustancia con un trapo negro y envuelva alrededor una cinta negra. Visualícese despreciándola con una intensidad que sólo un adicto puede tener.

Con esto en mente, prenda su vela astral y alrededor de ella encienda siete velas rojas para valor y fortaleza. Párese frente al altar y piense en el dolor, el sufrimiento, las mentiras y el abuso que puede ocasionar una adicción. Mientras las velas arden, también lo hará su deseo por la sustancia dañina. Apague las velas y repita el procedimiento durante siete días consecutivos. También puede hacer este ritual en favor de un ser querido.

Hechizo para protección del mal

Encienda dos velas de altar negras un sábado en la noche y triture hasta polvo una cucharadita de cardo bendito y una de ruda. Prenda una pastilla de carbón y adicione el polvo poco a poco. Agregue también dos o tres lágrimas de olíbano (conos de incienso de olíbano). Mientras todo esto arde sobre su pastilla de carbón, piense en el mal que desea eliminar.

Con esto en mente, encienda dos velas blancas para representar la pureza y verdad de su corazón y dos rojas para que tenga fuerza y valor en la lucha contra el mal. Luego prenda una vela negra y sienta que el mal desaparece mientras la vela se funde. A medida que esto sucede diga: *"Soy más fuerte que el mal a mi alrededor. Soy puro y blanco, sin nada que esconder. Que el bien venza al mal"*. Deje que las velas ardan media hora, luego apáguelas. Repita el procedimiento dos noches consecutivas.

Hechizo para ahuyentar un enemigo

Encienda dos velas de altar negras un sábado, y mientras lo hace visualice los daños que su enemigo le ha causado. Queme tres gotas de aceite esencial de olíbano para liberar la negatividad, y en un pedazo de papel pergamino escriba lo siguiente: *"Que se vaya mi enemigo [nombre del enemigo]. Que se vaya y nunca ponga un pie en mi puerta"*.

Inmediatamente prenda una vela negra y debajo de ella coloque el pedazo de papel. Luego encienda una vela rosada y diga: *"[Nombre del enemigo], encuentre amor en lugar de odio; encuentre paz y amor dentro de su alma. Déjeme vivir, y permanezca lejos de mí y mis seres queridos"*. Siéntese y visualice a su enemigo alejándose felizmente, dejándolo solo para siempre. Apague las velas y repita el procedimiento siete días consecutivos.

Hechizo para calmar el ambiente hogareño

Encienda dos velas de altar moradas un miércoles y queme tres gotas de aceite esencial de lavanda. Mientras hace esto, medite sobre los asuntos familiares que lo están estresando.

Después, encienda una vela azul, una rosada y una naranja, y mientras lo hace visualice la paz, tranquilidad y armonía que se establece entre usted y las personas con quienes vive. Retroceda y observe arder las llamas, luego diga: *"Que la discordia desaparezca y llegue la paz a este hogar"*. Medite durante diez minutos sobre el amor y la paz que necesita su familia, luego apague las velas. Repita el procedimiento cada noche por una semana.

Hechizo para buscar ayuda de su guía espiritual

Encienda dos velas de altar blancas cualquier día de la semana. Mientras hace esto, visualice su guía a su alrededor y diga: *"Necesito tu dirección este día"*.

Una vez que esté concentrado, ponga en medio de las velas un florero lleno de flores blancas frescas y diga: *"Estas son para ti, para que siempre estés aquí conmigo"*.

Llene un vaso con agua, póngalo en su altar y diga: *"Esta agua es para traerte claridad y crecimiento espiritual"*.

Prenda dos velas moradas, luego siéntese y háblele a su guía acerca de sus preocupaciones. Empezará a tener una sensación de paz que sólo él puede traer y rápidamente obtendrá su respuesta. Visualice todo el tiempo que desee y repita el ritual cada vez que necesite consejo o dirección de su guía espiritual.

Hechizo para el estrés

Prenda dos velas blancas cualquier día de la semana. Queme una gota de aceite esencial de ylang-ylang y dos de aceite esencial de lavanda. Sienta la paz a su alrededor mientras se relaja unos cuantos segundos.

Después, encienda dos velas azules para paz y tranquilidad y entre ellas coloque un manojo de amatista. Perciba la energía calmante de este cristal.

Luego, aún enfocado en la paz y tranquilidad que tanto necesita, prenda una vela naranja y vea su color rodeándolo y liberando el estrés. Cuando termine, siéntese, relájese y visualice todo el estrés saliendo de su cuerpo, regresando a su lugar de origen. Deje que las velas se consuman completamente. Puede hacer este ritual tan a menudo como lo requiera.

Hechizo para ayudar a su hijo el día de un examen

Encienda dos velas de altar amarillas, y queme tres gotas de aceite esencial de romero en su quemador de aceite. Visualice a su hijo sentado con las hojas de examen, listo para empezar.

Con sólo pensamientos de su hijo en la mente, prenda una vela naranja para darle valor y concentración a través del examen. Luego encienda una vela azul y visualice a su hijo relajado. Finalmente, encienda dos velas amarillas para mejorar su intelecto. Retroceda y observe todas las llamas unos cuantos minutos. Visualice a su hijo leyendo y escribiendo sin dudar mientras las preguntas son respondidas correcta y cuidadosamente. Deje que las velas ardan hasta que su hijo llegue a casa, luego apáguelas. Si lo desea, desarrolle este ritual cada vez que su hijo vaya a enfrentar una prueba.

Hechizo para desviar el mal

Encienda dos velas rojas un martes por la noche cuando se encuentre solo. Luego deberá poner en línea recta las siguientes velas: primero una roja, luego naranja, amarilla, verde, azul, violeta y rosada. Préndalas una por una visualizando el mal que desea alejar y diga: *"Mis fuerzas vitales están selladas y no penetrarás ninguna de ellas"*. Alrededor de todas las velas riegue granos de pimienta negra, luego diga: *"una sensación de ardor tendrás siempre que pronuncies mi nombre"*. Alrededor de su altar y las velas, encienda todas las velas blancas que desee y recite el mismo verso doce veces rápidamente, entonando más duro al final: *"Permanece lejos, permanece lejos, quema el mal en mi camino"*. Siéntese y observe cómo las luces de las velas le envían su mensaje a quien desea alejar. No las apague inmediatamente, déjelas encendidas el tiempo que pueda y repita el procedimiento cada noche hasta que todas se consuman completamente.

Hechizo para alejar a mi enemigo

Un sábado sin Luna encienda dos velas de altar negras; luego, sobre una vela blanca escriba el nombre de la persona que quiere fuera de su vida utilizando un alfiler o una aguja. En medio de las velas negras ponga un sobre de correo aéreo, luego en un papel escriba el nombre de su enemigo y envíelo a donde quiera, tal vez al desierto o el Polo Norte, pero no cerca a usted, y diga lo siguiente mientras lo escribe: *"Debe irse muy lejos a _____, mi nombre se borrará por siempre de su mente"*. Doble el papel y póngalo dentro de un sobre con una estampilla; no escriba su nombre o dirección en el respaldo, pues no querrá que esto sea enviado de regreso al remitente. Envíelo el día siguiente.

Hechizo para que aparezca un amante
Encienda dos velas rosadas un viernes de Luna llena. Sienta el amor de la Luna brillando sobre usted, y compárela con el amor que comparte con el amante o amigo que está indeciso. Prenda su vela astral y la de su amante, átelas con una cinta de seda rosada. Debe hacer siete nudos y decir lo siguiente mientras hace cada uno de ellos: *"Si tu amor es verdadero, déjame oírlo de tus labios. Si este amor es el correcto, deja que el mundo lo sepa ahora. Si el amor existe, por qué esconderlo, deja que respire aire fresco. Si tu amor es verdadero, dímelo porque también necesito oírlo".*

Consiga un grano de pimienta y péguelo en la vela astral de su amante; esto hará que sus verdaderos sentimientos sean oídos y sepa la razón de la inicial indecisión. Deje que las velas se consuman completamente.

Conclusión

Estos hechizos son para crecimiento y evolución individual. No debemos abusar de los demás, pretendiendo saber lo que desean, ni necesitamos que alguien sea diferente de lo que es. Los hechizos funcionan mejor cuando queremos un cambio en nosotros mismos. Luego podremos ser más saludables, felices y abundantes, irradiando una luz que a su vez atraerá lo que anhelamos en la vida. Recuerde, ya tenemos el mayor poder para nuestra propia evolución; cuando visualizamos lo que deseamos, efectivamente aparece.

Glosario

Altar:
Un lugar sagrado creado para trabajos mágicos.

Amuleto:
Un encanto o adorno usado para protección o un propósito.

Aura:
Colores invisibles que se irradian de una forma física.

Baños mágicos:
Baños que son tomados con energías naturales para manifestar sueños, aliviar tensiones y establecer una conexión con el elemento agua.

Despabilador:
Una herramienta usada para apagar velas.

Guía:
Un guía espiritual o ángel guardián.

Hechizo:
Una combinación de enfocarse en las necesidades mientras se usan patrones de pensamiento positivos y algunas de las energías naturales del universo.

Hechizo blanco:
Cualquier hechizo conducido para obtener un resultado positivo que no use la manipulación de otros.

Hierba:
Una planta —anual, bienal o perenne— que puede morir cada año. Hay hierbas aromáticas, culinarias y medicinales.

Incensario:
Un pequeño contenedor usado para quemar incienso.

Karma:
La ley del universo que mantiene el equilibrio del bien y el mal.

Lucumí:
Una religión de base africana que ahora está siendo practicada en Puerto Rico y Cuba. Conocida mejor como *Santería*.

Madre tierra:
El espíritu del planeta tierra.

Magia:
El uso de energías naturales y visualización positiva para crear cambios en nuestras vidas.

Ojo de la mente:
Usado para hacer visualizaciones como si fueran recortes de películas.

Papel pergamino:
Originalmente, un papel que era hecho de piel animal. Actualmente, se pueden comprar imitaciones en tiendas para artículos de oficina.

Pastilla de carbón:
Un tipo especial de carbón que cuando es prendido puede ser utilizado para quemar hierbas secas.

Plano astral:
Un universo paralelo que no es físico, sino un reflejo de nosotros mismos y las cosas que nos rodean.

Polo norte:
Un nombre dado a la parte superior de una vela, desde el medio hasta la mecha.

Polo sur:
Un nombre dado a la parte inferior de la vela, del medio hacia abajo.

Quemador de aceite:
Un plato cerámico profundo con una vela de té sobre el fondo, usado para quemar aceite esencial.

Ritual:
El acto de preparar el ser espiritual reuniendo herramientas mágicas, y conduciendo trabajos mágicos o cualquier clase de acto religioso.

Santería:
Una práctica mágica que se originó en África.

Santero:
Un herbalista competente y consejero espiritual de la tradición lucumí.

Tercer ojo:
Conocido como el sexto chakra, localizado en el centro de la frente. El tercer ojo es el centro de la percepción creativa que funciona con nuestra mente subconsciente para aumentar las habilidades psíquicas.

Vela astral:
Una vela del color asociado con el signo astrológico de un individuo.

Velas de altar:
Dos velas colocadas sobre un altar para representar el día de la semana.

Vestir velas:
Un ritual conducido a fin de preparar velas para un propósito.

Viaje astral:
Separación del ser; una experiencia fuera del cuerpo donde usted es consciente de lo que lo rodea.

Visualización:
El arte de la concentración usado para ver y hacer que las cosas sucedan.

Hojas de trabajo

Usted puede crear su propio libro de hechizos —también conocido como "libro de las sombras"— comprando una libreta y escribiendo las mismas preguntas de las siguientes páginas.

Hoja de trabajo para hechizos

Fecha del hechizo:

Razón para conducir el hechizo:

Cómo se sentía antes del hechizo:

Cómo se sintió después del hechizo:

Tiempo que tomó el hechizo en manifestarse:

Cambios notorios hechos por el hechizo:

Hoja de trabajo para hechizos

Fecha del hechizo:

Razón para conducir el hechizo:

Cómo se sentía antes del hechizo:

Cómo se sintió después del hechizo:

Tiempo que tomó el hechizo en manifestarse:

Cambios notorios hechos por el hechizo:

Hoja de trabajo para hechizos

Fecha del hechizo:

Razón para conducir el hechizo:

Cómo se sentía antes del hechizo:

Cómo se sintió después del hechizo:

Tiempo que tomó el hechizo en manifestarse:

Cambios notorios hechos por el hechizo:

Hoja de trabajo para hechizos

Fecha del hechizo:

Razón para conducir el hechizo:

Cómo se sentía antes del hechizo:

Cómo se sintió después del hechizo:

Tiempo que tomó el hechizo en manifestarse:

Cambios notorios hechos por el hechizo:

Hoja de trabajo para hechizos

Fecha del hechizo:

Razón para conducir el hechizo:

Cómo se sentía antes del hechizo:

Cómo se sintió después del hechizo:

Tiempo que tomó el hechizo en manifestarse:

Cambios notorios hechos por el hechizo:

Hoja de trabajo para hechizos

Fecha del hechizo:

Razón para conducir el hechizo:

Cómo se sentía antes del hechizo:

Cómo se sintió después del hechizo:

Tiempo que tomó el hechizo en manifestarse:

Cambios notorios hechos por el hechizo:

Hoja de trabajo para hechizos

Fecha del hechizo:

Razón para conducir el hechizo:

Cómo se sentía antes del hechizo:

Cómo se sintió después del hechizo:

Tiempo que tomó el hechizo en manifestarse:

Cambios notorios hechos por el hechizo:

Índice

A
acebo, 40
aceite de albahaca, 28, 36, 73
aceite de almendra, 33, 58
aceite de cedro, 52
aceite de coco, 39, 42, 55, 70
aceite de germen de trigo, 70
aceite de lima, 58, 71
aceite de menta piperita, 59
aceite de neroli, 38
aceite de olíbano, 26, 43, 83
aceite de oliva, 43, 70
aceite de pachulí, 75
aceite de romero, 24
aceite de rosa, 19, 22, 57

aceite de sándalo, 52
aceite de vetiver, 79
aceite de ylang-ylang, 52, 85
aceite vegetal, 70
aceites esenciales, 31
adicción, 81
adivinación, 58
África, 96
ágata de encaje azul, 22
agua, 15, 17–18, 20–22, 24–27, 31–36, 39–42,
    47, 78, 84, 93
aguamarina, 23
aire, 31, 47, 89
ajo, 54, 59
albahaca, 27–28, 33–34, 36, 55, 60, 72–73
alcohol, 81
alegría, 19, 75, 78
alimentar, 47
alma, 7, 37–39, 41, 79, 83
alma gemela, 37
almohada, 20–21, 25, 37, 51, 60
altar, 66–67, 70–84, 86–88, 93, 97
amante, 21, 42, 89
amarillo, 4–5, 7, 67
amatista, 17, 19, 24–25, 85
ámbar, 7
ambiente, 26, 83
amigos, 54
amor, 6, 9, 16, 19–21, 27, 34–36, 39, 52, 60, 68,
    75–78, 83–84, 89
amuleto, 93

anea, 54
ángeles, 8
angélica, 26, 55, 57, 59
apasionado, 35
apio, 34, 41, 43
aprendizaje, 5, 7
árbol, 18, 21, 48
árbol de dinero, 18
área pélvica, 19
armonía, 13, 25, 84
aromaterapia, 66
arroyo, 26
arroz, 55, 59
astillas de canela, 24, 34
aura, 3–4, 6, 35, 43, 93
avena, 33
azafrán, 34, 37
azúcar, 24
azul, 5, 7, 22–23, 39, 42–43, 59–60, 68–69, 77, 84, 86–87

B
banana, 53
bañera, 32, 34, 36–39, 42–43
baño, 31–41, 43, 58
basura, 32
bebé, 19
bellotas, 53
blanco, 7, 20, 24, 67–69, 82, 94
boda, 37, 60, 75

C

cachorro, 17
calabaza, 18–19
cálamo, 80
caléndula, 18
calificaciones, 24
calma, 8
camomila, 43, 57
cáncer, 8, 68
candeleros, 66
cardo bendito, 40, 82
casa, 5, 14, 17, 23, 25, 27, 32, 37, 41–42, 49, 51, 54–56, 59, 86
cebada, 36–37
chisme, 40
cigarrillo, 81
cinta, 19, 54–55, 75, 81, 89
cita, 18, 36
citrina, 18, 24, 28
clavos, 22, 34, 40, 42
cocina, 34, 40, 70
coco, 39, 42, 55, 70
collar, 18–19
colores cálidos, 3
colores fríos, 5
comunicación, 9, 68, 76
concentración, 66–67, 86, 97
corazón, 17–20, 22, 24, 36, 38, 76, 78, 82
cornalina, 18, 20, 27

cosmético, 32
creación, 66
crecimiento, 5, 9, 17, 48, 79, 84, 91
cuarto de baño, 31, 38
cuarzo ahumado, 25
cuarzo claro, 23
cuarzo rosado, 19, 25, 27, 78
Cuba, 94
cucharadita, 20–21, 24, 34–37, 42–43, 50, 53–55, 57–58, 78, 80, 82
curación, 13, 48, 67, 81

D
damiana, 36, 58
depresión, 9
dermatitis, 39, 56, 58–59
deseo, 7, 9, 19–20, 26, 41, 54, 71, 75–76, 81
deseo sexual, 7, 20, 54
deseos, 6, 14, 16, 20, 33, 66, 70
despabilador, 70, 93
destinos, 66
detergente, 32
dinero, 6, 8–9, 18, 28, 33, 50, 72
dirección, 13, 84–85, 88
distancia, 21
domingo, 38, 55, 67, 79–81
dorado, 8, 69
ducha, 32

E

empleo, 24, 57
empresa, 73
enemigo, 22–23, 83, 88
energías de los colores, 4–5
energías, 4–5, 13–14, 23, 26, 39, 48, 54, 80, 93–95
enfermedad, 5, 38, 80–81
enfermo, 80–81
entendimiento, 7, 13, 48, 58
entidades, 23
entorno, 3, 47
entrevistas, 57
escribir, 19, 27, 52, 80, 83, 88
escudo, 41
esencias, 66
espectro, 3
esperma, 52
espíritu, 9, 65–66, 95
estado, 3, 7, 31, 75
estrés, 4–5, 8, 24, 85
exámenes, 24
éxito, 71
exploración, 32

F
familia, 54, 84
farmacéuticos, 47
faro, 66
felicidad, 7, 76
fertilidad, 18, 51–52
fiel, 21
financiero, 72
flor silvestre, 48
flores, 18–19, 36–37, 39–41, 48, 74, 78, 84
fluorita, 24
fortaleza, 9, 23, 76, 80–81
frecuencias, 3–4
fuerza, 18, 21, 53, 58, 67, 71, 80, 82
futuro, 65

G
ganar, 57
gardenias, 38
girasoles, 41
granos de pimienta, 22, 87
granos de vainilla, 56
guía, 6, 15, 67, 84–85, 94
guía espiritual, 84–85, 94

H
habilidades psíquicas, 7, 96
hechizo blanco, 94
hematites, 17
herramientas, 13, 47, 96
hierba de limón, 37
hierba gatera, 53
hierbas, 31, 33–34, 45, 47–49, 57, 60, 94–95
hijos, 5, 43
hogar, 8, 84
hojas de eucalipto, 80
hojas de laurel, 35
hojas de menta, 33, 58–59
hojas de menta verde, 58
humano, 65

I
incensario, 48, 73, 94
intelecto, 86
intrusos, 55
intuición, 7–8
ira, 4, 7, 22, 40, 77–78

J
jardín, 19, 42
jaspe rojo, 18, 24
jazmín, 40
jengibre, 35, 50
jueves, 20, 28, 33, 50–51, 68, 71–73
justicia, 7

K
karma, 7–8, 94

L
lágrima de apache, 23, 26
lapislázuli, 77
lavanda, 8, 15, 22, 25, 37, 40, 43, 52, 54, 59, 77, 83, 85
leche, 39
legal, 18
limón, 25, 37–38, 43, 54, 59–60
lirio de los valles, 56
llama, 36, 65–66, 71, 79
lucha, 82
lucumí, 94, 96
Luna llena, 15, 23, 53, 73, 89
lunes, 67
luz de la Luna, 15, 26

M

madre tierra, 20, 48, 95
madre, 19–20, 48, 95
madreselva, 34
magia, 1–2, 6, 11, 13, 16, 18, 31–32, 45, 47–48, 50, 63, 95
mágico, 31–32, 48, 50, 53
magnetismo, 53
mal, 23, 26, 55–56, 73, 76, 82, 87, 94
manifestación, 6
mano de la suerte, 57
manzanas, 37
mar, 20
margarita, 34
martes, 35, 67, 74, 81, 87
materiales, 15
matrimonio, 74–76
medianoche, 20
medicamentos, 47
meditación, 8, 76–77
menta piperita, 59, 80
mesa, 18, 66, 80
miedo, 23
miércoles, 68, 75, 77, 83
milenrama, 56
minerales, 13
morado, 25, 68
muérdago, 51
musgo irlandés, 50

N
naranja, 3, 8, 38, 51, 60, 71, 75, 80, 84–87
naturaleza, 13, 48
negatividad, 8, 39, 43, 49, 68, 73, 83
negocio, 73
negro, 5, 8, 68–69, 81
niños, 5, 9, 40, 70
noche, 15, 18, 21, 23–26, 36, 40, 43, 50–53, 55, 58–60, 71, 73–74, 78–79, 81–82, 84, 87
nota de amor, 52
novia, 37, 60
Nueva Era, 14
nuez moscada, 71, 79

O
objetivos, 17, 79
odio, 78, 83
ojo de tigre, 21, 23
ojo de la mente, 95
olíbano, 26, 43, 73, 76, 82–83
olla, 34
ostras, 53

P

pájaros, 21
pañuelo de papel, 37
papel pergamino, 19, 27, 80, 83, 95
pasionaria, 54
pastilla de carbón, 48, 73, 76, 80, 82, 95
paz, 14, 25, 77–78, 83–85
pensamientos, 25, 35, 43, 52, 77, 86
perejil, 33–34
pesadez, 38
pesticida, 41
pétalos, 18, 21–22, 33–34, 36–39, 54, 56, 60, 74
piedra, 21
piedra imán, 21
pies, 25, 32, 59
pizca, 22, 56, 73, 76
plano astral, 59, 95
plantas, 45, 47–48
polo norte, 69–70, 88, 95
polo sur, 69–70, 96
prosperidad, 6, 33, 48, 51
protección, 22–23, 26, 42–43, 49, 54–55, 59, 67, 82, 93
purificar, 14, 39

Q

quemador de petróleo, 71, 79

R

raíz de loto, 77
raíz de mandrágora, 76
raíz de orquídea, 57
reino superior, 8
relajación, 7, 31
restañasangre, 18, 54
retoños de alfalfa, 51
revestir velas, 96
risa, 19, 32
roble, 48, 61
romero, 24, 38, 42, 55–56, 60, 86
rosado, 6, 9, 19, 25, 27, 78
ruda, 39, 82

S

sábado, 68, 82–83, 88
sábanas, 21, 60
sagrado, 93
sal, 15, 20–22, 24, 39, 43, 78
salud, 31, 80
salvia, 41
santería, 32, 94, 96
santero, 96
seguridad, 33
sello, 55
sello de Salomón, 55

semilla, 20, 49
semillas de albaricoque, 52
semillas de amapola, 57, 72
semillas de sésamo, 18, 50
semillas de zanahoria, 52
sentimientos, 6, 16, 22, 89
signo astrológico, 68, 97
sistema reproductivo, 51–52
sodalita, 22
Sol, 18, 23, 26, 33, 35, 37, 50, 53
suerte, 9, 35, 57, 61, 79

T
tarde, 26
tazón, 17–18, 20–25, 27, 50, 55, 57, 71
tercer ojo, 34, 77, 96
tierra, 13, 20, 42, 47–48, 51, 59, 95
tina, 33, 36–38, 40–43
toalla de papel, 24
tomate, 33
tomillo, 34, 56
trabajo, 8, 24, 49, 57–58, 65–66, 99–106
trabajos, 7–8, 57, 66, 93, 96, 99–106
tranquilidad, 7, 68, 77, 84–85
trébol, 55
tulipanes, 33

U
unísono, 74
universo, 6, 34, 36, 66, 71, 74, 94–95

V
valeriana, 58
valor, 56, 81–82, 86
vela astral, 68, 71–72, 74–75, 77, 80–81, 89, 97
velas de altar, 71–73, 75–84, 86, 88, 97
velas largas, 69
verdad, 8, 82
verde, 5–6, 9, 42, 48, 50, 53, 57–58, 68, 87
viaje astral, 59, 97
vibraciones, 3
viernes, 20, 27, 35–37, 42, 52, 68, 73, 78, 89
vinagre, 39
violetas, 40
visualización, 31, 66–67, 95, 97

Y
yerba santa, 58

Z
zapatos, 56, 60

LLEWELLYN ESPAÑOL

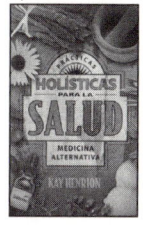

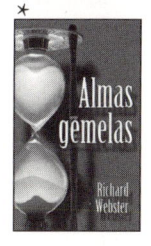

lecturas para la mente y el espíritu...

* Disponibles en Inglés

¡ATENCIÓN!

Llewellyn Español desea contactar escritores y editores de temas metafísicos o similares. Para más información escriba a la siguiente dirección:

2143 Wooddale Drive
Woodbury, MN 55125-2989, U.S.A
1-800-843-6666

LLEWELLYN ESPAÑOL

Mabel Iam
¿QUÉ HAY DETRÁS DE TU NOMBRE

Mabel revela en esta obra cómo emplear las cualidades y los poderes en nuestro nombre para fortalecer el autoestima y mejorar las relaciones con los demás. Contiene el significado de las letras, la personalidad detrás de los nombres, el Ángel correspondiente para cada nombre y su compatibilidad astrológica.

5³⁄₁₆" x 8" • 382 págs.
0-7387-0257-9

Dra. Adrian Calabrese
OBTENGA ÉXITO
Utilice el poder de su mente

El secreto para convertir sus sueños en
realidad se encuentra en usted.
—Poderosas reservas espirituales e intuitivas
que le permiten alcanzar sus metas
y transformar su vida—.
Aprenda rapidamente a realizar
sus deseos con este práctico libro.

7½" x 9⅛" • **288 págs.**
0-7387-0215-3

... LECTURAS PARA LA MENTE Y EL ESPÍRITU

MANTÉNGASE EN CONTACTO...

Visítenos a través de Internet, o en su librería local,
donde encontrará más publicaciones sobre temas relacionados.

www.llewellynespanol.com

CORREO Y ENVÍO
- $5 por órdenes menores a $20.00
- $6 por órdenes mayores a $20.01
- No se cobra por órdenes mayores a $100.00
- En U.S.A. los envíos son a través de UPS. No se hacen envíos a Oficinas Postales.
  Órdenes a Alaska, Hawai, Canadá, México y Puerto Rico se envían en 1ª clase.
  Órdenes Internacionales: *Envío aéreo*, agregue el precio igual de c/libro al total del valor ordenado más $5.00 por cada artículo diferente a libros (audiotapes, etc.).
  Envío terrestre, agregue $1.00 por artículo.

ÓRDENES POR TELÉFONO
- Mencione este número al hacer su pedido: **0-7387-0080-0**
- Llame gratis en los Estados Unidos y Canadá al teléfono: 1-877-LA-MAGIA.
  En Minnesota, al (651) 291-1970
- Aceptamos tarjetas de crédito: VISA, MasterCard y American Express.

OFERTAS ESPECIALES
- 20% de descuento para grupos de estudio. Deberá ordenar por lo menos cinco copias del mismo libro para obtener el descuento.

4-6 semanas para la entrega de cualquier artículo. Tarifas de correo pueden cambiar.

CATÁLOGO GRATIS

Ordene una copia de Llewellyn Español. Allí encontrará información detallada de todos los libros en español en circulación y por publicarse. Se la enviaremos a vuelta de correo.

LLEWELLYN ESPAÑOL
2143 Wooddale Drive, Dept. 0-7387-0080-0
Woodbury, MN 55125-2989 USA
1-877-526-2442